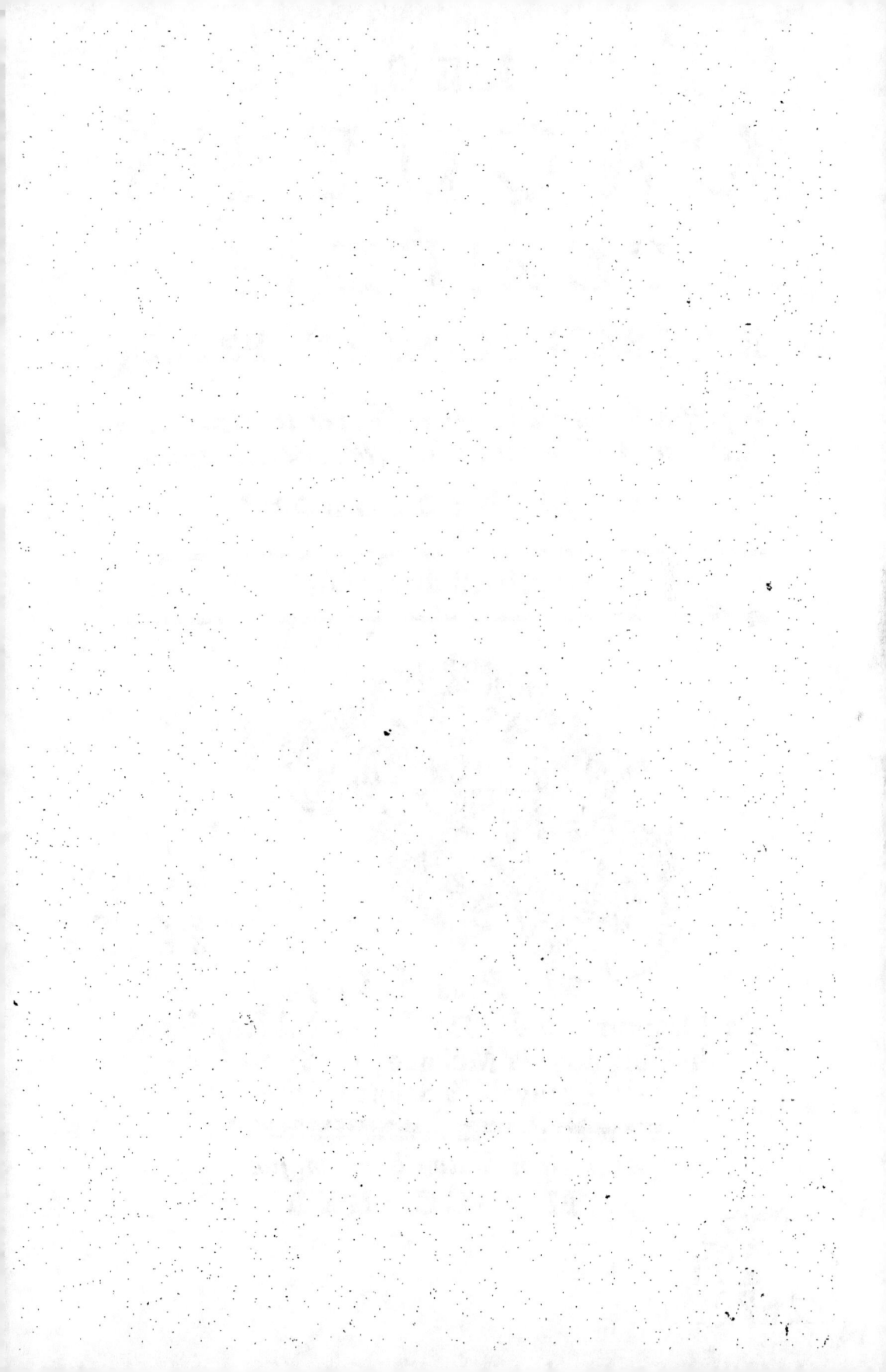

LES
CAQUETS

COMÉDIE

EN TROIS ACTES EN PROSE,

Repréſentée pour la premiere fois par les Comédiens Italiens Ordinaires du Roi, le 4 Février 1761.

Par M. RICCOBONI.

Le prix eſt de 24 ſols.

A PARIS,

De l'Imprimerie de BALLARD, ſeul Imprimeur
du Roi, pour la Muſique, rue Saint-Jean-
de Beauvais, à Sainte Cécile.

Avec Approbation & Permiſſion.
M. DCC. LXI.

AVERTISSEMENT.

(Mme Riccoboni)

UNE Dame pour qui je dois avoir de l'eſtime & de l'amitié, avoit jetté ſur le papier les deux premiers Actes de cette COMÉDIE. Je ne les ai que très-légerement retouchés, & je ne puis donner, comme de moi, que le dernier Acte ſeulement. L'idée de cette Piéce eſt priſe d'une Comédie de *Goldoni*, qui a pour titre : *J. Petegolezzi.* Ceux qui ſçavent l'Italien pourront faire la comparaiſon des deux Ouvrages, & voir juſqu'à quel point ils ſe reſſemblent.

A ij

ACTEURS.

ADRIEN, *Patron de Barque.*

BABET, *qui passe pour sa Fille.*

Madame GRIFFON, *Procureuse.*

MANETTE, *sa parente.*

DUBOIS, *Prétendu de Babet.*

M. BELHOMME, *Bourgeois; bossu.*

MAROTTE, } *cousines d'Adrien,*
CATHERINE, } *Revendeuses.*

ANGÉLIQUE, *Couturiere.*

M. RENAUD, *Pere de Babet, Négociant.*

MÉNACHEM, *Juif.*

La Scene est à Paris.

LES CAQUETS,

COMÉDIE

EN TROIS ACTES EN PROSE,

ACTE PREMIER.

Le Théâtre représente une Salle de Compagnie dans la Maison D'ADRIEN.

SCENE PREMIERE.

Madame GRIFFON, MANETTE, BABET, M. BELHOMME, CATHE-RINE, MAROTTE, *tous assis en cercle.*

Madame GRIFFON.

A LLONS donc ma petite Accordée, soyez de bonne humeur. On vous donne un Mari que vous aimez, on va signer le contrat, c'est le moment d'être gaie.

BABET.

Je ne fçais ce que j'ai , Madame, tout m'in-quiéte : ne trouvez-vous pas que M. du Bois & mon Pere tardent bien à venir ?

CATHERINE.

Si vous voulez que je vous le dife , Coufine , çà n'me paroît pas dans l'honnêteté qu'un Fiancé fe faffe attendre le propre jour d'une fignature. Oh ! J'aurois bien voulu que mon Mari fe fut donné de ces airs là ! Comme j'vous l'aurois rem-baré.

BABET.

M. du Bois ne manque pas d'empreffement, ma Coufine , foyez-en fûre, je n'ai pas lieu de m'en plaindre, & tout le monde n'eft pas fi preffé que vous.

MAROTTE.

Comme ça répond !

CATHERINE.

Coufine , montre-nous les préfens, ça nous di; vertira.

BABET.

Je les attends.

CATHERINE.

Votre Amoureux eft un mal - appris. Ça de-vroit être fait. J'avois une belle coëffure à vendre l'autre jour , mais M. du Bois l'a trouvée trop chere.

BABET.

Il ne la trouvoit pas trop chere , mais il la vouloit neuve.

M. BELHOMME.

En cas de Mariage , voilà ce qu'on cherche.

MAROTTE.

Diantre ! Une Demoiselle à équipage s'en est fort bien accommodée.

M. BELHOMME.

Ces Dames-là s'accommodent de tout.

CATHERINE.

Oh ! Les préfens fe font la veille.

MAROTTE.

Oui, les perfonnes d'éducation fçavent çà.

Madame GRIFFON.

Et qui vous a appris comment les perfonnes d'éducation fe conduifent ? Dites ma bonne Marotte.

MAROTTE.

En vérité, Madame, en fait de fçavoir vivre chacun vaut fon prix. A çà la richeffe n'y fait rien.

CATHERINE.

Pardi ! a de la civilité qui veut.

Madame GRIFFON.

Oui, & de la malice auffi, à ce qu'il me paroît. Il est fort mal fait à vous autres de vouloir la prévenir contre du Bois, qu'elle aime, qu'elle va époufer, & que je protége, entendez-vous ? Ce n'est pas un Garçon de rien que du Bois, c'est le Filleul d'un bon Procureur de la Cour, de mon Mari enfin ; un garçon fage, appliqué, qui

A iv

a la plus jolie main du monde, & qui fera fon chemin, & dont il ne vous convient pas de mal parler.

MAROTTE.

Mal parler dà ! Je parle comme une autre.

CATHERINE.

Et mieux que bien d'autres.

BABET.

Eh ! laiffons cela, mes Coufines.

Madame GRIFFON.

Vous avez là des parentes qui ne vous reffem-blent guères, ma chere Babet. Vous êtes douce, polie, aimable, vous.

MAROTTE.

Entends-tu, Catherine.

CATHERINE.

Il faudra nous corriger, Marotte.

MAROTTE.

Oui, pour être aimables.

Madame GRIFFON.

Vous devriez être honnêtes du moins, & votre métier de Revendeufes à la toilette, vous appro-che des perfonnes qui le font.

CATHERINE.

Métier ! Qu'appellez-vous métier ? Nous fom-mes Marchandes.

MAROTTE.

Quand à l'égard du métier, chacun a le fien;

Je ne voudrois pas troquer contre de certaines gens. Il vaut mieux accommoder des familles de ce qui leur manque, que de les ruiner, par exemple.

CATHERINE.

Attrappe.

M. BELHOMME.

Ça est un peu fort.

Mᵉ. GRIFFON, *se levant.*

Babet, je suis venue signer à votre Contrat, parce que vous m'en avez priée. Mamselle Manette m'a été confiée par ses parens, & je vous l'ai amenée pour vous faire honneur ; mais on ne s'attend pas à se voir confondre avec de petites gens. Sortons, ma chere Manette.

BABET.

Eh ! Madame, ne prenez pas garde à elles ; je vous demande pardon de leur impertinence.

MAROTTE.

Elle est obligante, la Cousine.

Madame GRIFFON.

Je veux m'en aller.

MANETTE.

Et moi aussi, je vous assure.

CATHERINE.

Range-toi, Marotte, que ces Dames passent.

MAROTTE.

Me ranger ? Ah ! oui.

M. BELHOMME.

Ce quartier-ci n'est pas encore trop bien policé, Madame, il faut passer bien des choses.

SCENE II.

Les Acteurs précédens, A D R I E N;
DU · BOIS.

ADRIEN.

TOut est fini, tout est arrangé. Baise-moi, Madame la Mariée. Allons, de la joie. Ah! Mesdames, excusez, je n'ai vû d'abord que ma Fille, & je ne m'attendois pas à l'honneur que vous lui faites.

MAROTTE.

Bon jour, cousin.

CATHERINE.

Avancez donc, Monsieur du Bois.

ADRIEN.

Si j'avois imaginé trouver si bonne compagnie, je n'aurois pas tardé si long-tems à venir.

MAROTTE.

Quand est-ce qu'il nous parle ?

Madame GRIFFON.

Approchez donc, Monsieur du Bois, venez-vous asseoir auprès de Babet.

DU BOIS.

C'est mon dessein ; mais je voudrois saluer Madame Griffon, & vous aussi, si vous me le permettez.

Madame GRIFFON, *l'embrassant.*

Cela est juste.

MAROTTE.

Doucement, Babet fera jaloufe.

BABET.

Vous avez bien tardé, du Bois?

DU BOIS.

Ce n'eft pas ma faute, je vous l'affure.

MAROTTE.

Et à nous rien.

CATHERINE.

J'ai vû le tems que dans les affemblées on fai-
foit politeffe aux parens.

M. BELHOMME.

Chacune aura fon tour.

CATHERINE.

Son tour, eh! mais vraiment.

MAROTTE.

Attendre fon tour, des coufines germaines.

M. BELHOMME.

Il faut faire place à notre ami du Bois.

MANETTE.

Et qu'il foit auprès de Babet.

ADRIEN.

Reculez-vous un peu, Marotte, & vous auffi,
Catherine.

CATHERINE.

Je ne recule jamais.

MAROTTE.

Ni moi non plus, je m'en vante.

ADRIEN.

Mais encore faut-il bien qu'il trouve place

BABET.

Allons, donc mes Coufines, faut-il vous le dire deux fois.

MAROTTE.

Et pourquoi donc nous déranger plûtôt que les autres.

ADRIEN.

Parce qu'il faut céder à qui il appartient. Ces Dames méritent des égards, elles nous honorent de leur compagnie, & nous leur devons de la reconnoiffance & du refpect.

CATHERINE.

Oh! je ne fuis pas refpectueufe, moi.

MAROTTE.

Ces Dames vous honoreront tant qu'il vous plaira, mais je ne bougerai pas, j'en jure.

CATHERINE.

Nous avons de la tête, coufin.

BABET.

Oh! comme je m'impatiente.

DU BOIS.

Ne vous fâchez pas, ma chere Amie.

Madame GRIFFON.

Voilà de fottes créatures.

MANETTE.

Et qui fe méconnoiffent bien affurément.

MAROTTE.

En tout cas, nous connoiffons bien les autres.

ADRIEN

Vous ne voulez pas vous taire? Qu'eft-ce donc

que les airs que vous vous donnez ? Prétendez-
vous égaler ces Dames ?

Madame GRIFFON.

Ah ! Tout au moins, je vous le proteste.

MAROTTE.

Oh ! que non, Madame, je ne m'égalise qu'à
mes pareilles. En v'là encore d'une bonne, s'éga-
liser ! Madame est Procureuse, on l'y accorde çà ;
mais elle ne l'a pas toujours été. On fait du chemin quand on prend des traverses, & qui ne
craint pas les hornieres va bien loin.

CATHERINE.

C'est bien tapé, ça.

Madame GRIFFON.

Que veulent dire ces insolentes-là ?

CATHERINE.

Eh ! mais, cela est clair. Aller de travers, tout
le monde entend ça. Si j'avois voulu faire fortune.
Mais l'honneur par-dessus tout, voyez-vous !

ADRIEN.

Au diable les impertinentes.

MAROTTE.

Grand merci, cousin. C'est beau de faire affront
à sa famille pour plaire à des begueulles pompon-
nées. Est-ce qu'on ne se connoît pas ? Si je vou-
lois parler ; mais je suis bonne, & je sçais me
taire. Une femme a un mari, cela répare tout ;
s'il ne l'étoit pas, il l'est devenu ; on a une charge,
c'est un relief ; si on la doit, si on ne la doit pas
est-ce mon affaire ? Je suis discrette ; vraiment si

je ne l'étois pas, plus d'une personne auroit le nez bien alongé. Je ne parle pas du marié dà, c'est un bon garçon ; pas trop honnête à la vérité. Ça vous entre dans une paranté la tête la premiere sans dire gare, mais c'est jeune, ça se fera. Ma cousine Babet, je souhaite que vous vous trouviez bien en ménage, je ne veux pas vous faire tort. Quand je ne danserai pas à votre nôce, je n'en serai pas moins Marotte le Brun.

CATHERINE.

Ni moi Catherine Gellé, pas moins que ça, ma cousine Babet.

BABET.

Mais êtes-vous folles ! que vous a-t-on dit ! pourquoi vous fâcher ? Restez.

CATHERINE.

Non, non, cousine, ne vous gênez pas ; les mélanges sont toujours mauvais. Il y a trop de différence de ces Dames à nous.

MAROTTE.

S'il y en a, ça ne nous fait pas de tort, Catherine : je suis connue fille, je suis connue femme, je suis connue veuve, j'ai de la réputation dans mon quartier & de l'argent dans ma poche ; avec cela on va tête levée.

ADRIEN.

Un moment : je ne veux pas que dans un jour fait pour la joie, on puisse me reprocher de m'être brouillé avec mes cousines. Embrassons-nous, saisons la paix, soyez honnêtes & restez, je vous en prie.

Madame GRIFFON.

Comment ? Vous les retenez après leur insolence ? Allons, Mamselle Manette, sortons, comme dit mon Mari : en fait de nôce *rubi pare*, c'est-à-dire, qu'il ne faut pas s'encanailler.

MANETTE.

Adieu ma chere Babet ; je suis bien fâchée de vous quitter : adieu, M. du Bois.

DU BOIS.

Quoi ? Mesdames ; vous voulez nous laisser ? Je suis désolé.

M. BELHOMME.

Quand une fois la querelle est entamée chez les Dames, ça ne se racommode pas.

Madame GRIFFON.

Je veux partir tout à l'heure.

ADREN.

Je vous prie d'excuser.

DU BOIS.

Permettez que je vous donne la main.

BABET.

Madame, Mademoiselle, je n'obtiendrai donc rien ? Oh ! les méchantes Cousines que j'ai là.

(Les Dames s'en vont, on les reconduit.)

___

SCENE III.
MAROTTE, CATHERINE.
CATHERINE.

LEs v'la partis, ma foi le champ de bataille nous reste.

MAROTTE.

Babet fait bien la Madame, elle épouse un petit Commis, ça peut aller loin ; mais en attendant il faut avoir un bon cœur pour ses proches ; il est assez tems de les renier quand on a fait fortune.

CATHERINE.

C'est bien dit ça. Je ne sçais où tu prens de l'esprit, Marotte ; mais tu n'en manques pas.

MAROTTE.

Où je le prends ! je vends de vieux livres.

CATHERINE.

Pourquoi pas de tous neufs.

MAROTTE.

Bon, ça ne dure rien.

SCENE IV.

SCENE IV.

ANGÉLIQUE, MAROTTE, CATHÉRINE.

ANGÉLIQUE.

AH ! c'eſt vous, Catherine, & Marotte auſſi ; où eſt Mamſelle Babet ?

CATHERINE.

Elle va revenir, que portez-vous là ?

ANGÉLIQUE.

C'eſt la robbe de nôce, je viens l'eſſayer.

CATHERINE.

Voyons, voyons.

MAROTTE.

Peſte ! du fond blanc, du cannelé, du broché, des manchettes aux manches, une doublure à la piece ! Adrien eſt bien imbécile.

CATHERINE.

C'eſt ſa fille après tout ; & puis on ne ſe marie pas tous les jours.

MAROTTE.

Sa fille ? Eh oui dà.

CATHERINE.

Elle prend un ton à ruiner du Bois.

B

ANGÉLIQUE.

Oh ! ne me parlez pas de Monfieur du Bois ; c'eft un méchant, un infidele, un traître ; je ne fçais comment j'ai pû me réfoudre à faire cette robbe-là : chaque point d'aiguille me perçoit le cœur.

CATHERINE.

L'étoffe eft donc bien dure.

ANGÉLIQUE.

La pauvre Babet n'en fçait rien, ce n'eft pas fa faute. Mais quand j'y fonge, je ne fçaurois m'empêcher de pleurer.

CATHERINE.

C'eft donc férieux. Eft-ce que du Bois par malheur.

ANGÉLIQUE.

Ah ! Catherine, je ne fuis point fille à être foupçonnée de malheurs. M. du Bois m'a recherchée ; j'aurois été fa femme fi j'avois eu de l'argent ; mais je n'ai que de la fageffe, & la vertu d'une fille n'eft propre à rien, voyez-vous. Enfin il en époufe une autre, & j'en ferai affligée plus d'un jour.

MAROTTE.

La pauvre fille ! ça eft trifte, Catherine. Là, contez-nous votre chagrin, Mamfelle Angélique, autant vaut s'amufer de ça que d'autre chofe.

CATHERINE.

J'aime les hiftoires d'amour, il y a toujours à profiter.

ANGÉLIQUE.

Ce n'eſt point une hiſtoire amoureuſe ; c'eſt de l'inclination ſeulement. Les hommes ſont plus méchans que des ours, & ſi l'on faiſoit bien…. Mais c'eſt que cette maudite tendreſſe vous prend tout d'un coup de la tête aux pieds comme une migraine. On eſt dans ſa chambre paix & aiſe, un Monſieur que l'on connoît, & ſi que l'on ne connoît pas aſſez, vous fait des honnêtetés ; on y répond bonnement ; il vous trouve agréable, on voit qu'il eſt bien fait ; il a de l'attention, cela donne de l'amitié ; il dit de jolies choſes, on les écoute ; il fait des complimens, cela flatte ; il eſt toujours là, on s'acoutume à le voir : l'habitude s'y met, le plaiſir s'y rencontre : puis vient le ſerieux : ce Monſieur qui vous faiſoit rire commence à vous faire pitié. Il lui paſſe cinquante fantaiſies par la tête, c'eſt comme une folie ; il a des volontés, on l'envoye promener ; il boude, cela inquiette ; il ſe plaint, ſon chagrin vous touche ; on s'attendrit, on ſe brouille par raiſon, on ſe racommode par bonté, & avec tout cela le cœur d'une fille s'attache, & puis au fait & au prendre un perfide vous laiſſe là. Voilà pourtant ce que c'eſt que l'amour.

CATHERINE.

Elle a raiſon d'être fâchée. Il ne faut pas qu'un homme ſe racommode, pour ſe brouiller tout à fait après.

ANGÉLIQUE.

Enfin je ſerois Madame du Bois, ſi Babet n'a voit pas deux mille écus en mariage.

B ij

MAROTTE.

Deux mille écus ! Il faut qu'Adrien soit fou de se ruiner comme ça pour une morveuse qui peut-être n'est seulement pas de la famille.

ANGÉLIQUE.

Quoi la fille d'Adrien n'est pas de la famille ?

CATHERINE.

Elle est folle.

MAROTTE.

Oh ! je sçais bien ce que je dis. C'est sa fille ; & si ce ne l'est pas, voyez-vous, il y a un-dessous de cartes à ça qui vous passe toutes les deux.

CATHERINE.

Bon ! & qu'est-ce que ça fait ? Pardi si on s'avisoit de douter de son Pere, il n'y auroit plus de fiatte à rien.

ANGÉLIQUE.

Ah ! ma chere Marotte, contez-nous cela je vous en prie.

MAROTTE.

Oh ! vraiment oui , que je vous conte. Me prenez-vous pour une bavarde ? Je ne ferois pas un caquet pour tous les biens du monde. Une femme qui a de la langue me feroit fuir à cent lieues, ça mettroit une ville sans dessus dessous, ce n'est pas là mon deffaut ; je sçais ce qu'il faut dire & ce qu'il faut taire ; oui ma foi, vous avez bien trouvé votre causeuse.

CATHERINE.

Falloit donc te taire tout à fait. On ne met pas les gens dans le soupçon pour rien.

ANGÉLIQUE.
Oh ! je vous le demande en grace : parlez.

MAROTTE.
Impossible. C'est un secret confié. Il n'y avoit que ma mere qui le sçut : en mourant elle me l'a dit. On n'enterre pas ces choses-là. Depuis je ne l'ai dit qu'à mes belles-sœurs & à quelques-unes de mes amies, parce que cela venoit à la conversation : car du reste on ne me fait pas parler.

ANGÉLIQUE.
Eh ! mais, nous valons bien les autres. Dabord je suis discrette.

CATHERINE.
Et moi pour le secret ! j'en ai gardé un plus de huit mois.

MAROTTE.
Oh ça, vous n'en parlerez pas ?

ANGÉLIQUE.
Oh ! jamais.

CATHERINE.
Un secret ! j'aime ça, moi.

MAROTTE.
Il faut que vous sachiez qu'Adrien avoit épousé une fille par amour. Çà vous étoit joli, fringant, alerte, un port de Reine, un caquet. Oh ! c'étoit une maitresse poulette. Tant qu'Adrien demeuroit à la maison, tout alloit bien ; mais pendant qu'il conduisoit ses bateaux à Rouen, c'étoit des promenades, des colations, le bal du matin au soir, des Madames à panier, des Officiers d'armée, un train.... enfin elle a bien fait parler d'elle.

B iij

CATHERINE.

Je ne sçavois pas ça, par exemple. Après.

MAROTTE.

Eh bien, v'la qu'Adrien devint jaloux comme un tigre, & qu'il prit le parti de mener sa femme avec lui. Ils avoient une petite fille qui mourut à Rouen. Ma mere y étoit qui a vû tout ça. Vlà qui est bien, elle est morte. Point du tout, six semaines après, Adrien s'en revient avec sa fille comme si de rien n'étoit.

ANGÉLIQUE.

Avec sa fille morte ?

MAROTTE.

Eh non pas. Avec Babet d'apréfent qu'il a mis à la place de celle qui n'y étoit plus. Deux ans après sa femme mourut. Babet est demeurée la maitresse de la maison. Après tout, il y a des parens plus proches que Babet, & cela nous fait tort, n'est-ce pas ?

CATHERINE.

Eh mais vraiment. Mais es-tu bien sure de ça ?

MAROTTE.

Ma mere y étoit, je vous dis ; & puis pour en être plus sure, j'ai fait venir le papier de la petite fille ; tenez, le voilà.

CATHERINE.

Voyons. Diantre ! on pourroit faire des affaires à Adrien, oui.

ANGÉLIQUE.

Mais où a-t-il pris Babet ? Qui est-elle ?

MAROTTE.

V'la mon embaras. Elle pourroit bien être à

lui, & n'y être pas d'une certaine façon. Si ce n'est que Babet est fiere, & qu'elle s'en fait trop acroire, on n'auroit rien à dire. De droite ou de gauche, il faut que tout le monde vive. J'ai bon cœur, j'aime mon prochain, je ne dis rien sur personne ; ainsi je vous recommande bien de vous taire. Il faut laisser les choses comme elles sont.

ANGÉLIQUE.

Ah ! n'ayez pas peur que j'en parle ; mais puisque cela est ainsi, Babet n'a qu'à venir assayer sa robbe au logis. Je lui ferai dire par mon apprentisse, que je ne vais pas chez tout le monde.

CATHERINE.

Si j'avois sçu ça tout à l'heure ! je lui aurois bien dit, sans faire semblant de rien, qu'un enfant trouvé ne doit pas le prendre si haut. Ah ! Pardi qu'elle y revienne.

MAROTTE.

Avez-vous le diable au corps toutes les deux, vons m'avez promis de vous taire, & voilà déjà vos langues maudites en train de jaser.

ANGÉLIQUE.

Mais si le pere à du Bois sçavoit cela, j'aurois de l'espérance que le Mariage ne se feroit pas, & peut-être qu'alors du Bois me reviendroit. Je vais chez Madame Griffon pour achever sa robbe. Je ne lui dirai rien, à moins qu'elle ne m'en parle.

MAROTTE.

Ecoutez, Mamselle Angélique, une Fille d'honneur n'a que sa parole, & si vous manquez à la vôtre, vous verrez beau jeu. C'est à moi que vous aurez à faire, entendez-vous.

ANGÉLIQUE.

Et que ferez-vous ?

MAROTTE.

Vous le verrez.

CATHERINE.

Ah ! te voilà. Le feu te monte bien vîte à la tête. Tu avois bien affaire de nous embarraffer de ton fecret. On écoute une hiftoire ; c'eft pour s'orner l'efprit, pour fe faire honneur dans une compagnie, en racontant ce que l'on fçait. Ne rien dire, vaudroit autant ne rien fçavoir.

MAROTTE.

Parlez donc, parlez bavardes ; mais prenez garde à vous. La premiere de vous deux qui me met en jeu, s'appercevra que j'ai deux mains, fongez-y.

ANGÉLIQUE.

Je voudrois bien le voir ?

CATHERINE.

Venez, venez, Mamfelle Angélique, n'ayez pas peur ; Marotte eft vive, mais c'eft une bonne Femme. Elle a une langue de chien, mais pour le cœur c'eft une Reine.

ANGÉLIQUE.

Adieu, Catherine ; ne parlez pas de mes amours, au moins.

CATHERINE.

Pas plus que de l'hiftoire à Babet.

Fin du premier Acte.

ACTE II.

Le Théâtre représente une petite place où l'on voit la Maison de Madame Griffon.

SCENE PREMIERE.

Madame GRIFFON, DUBOIS.

Madame GRIFFON.

OUI, mon cher Dubois, la chose est sûre. Je suis fâchée de vous l'apprendre, mais Babet n'est point fille d'Adrien. Ses parens vont faire de l'éclat, j'en suis avertie. Votre Pere en nous envoyant son consentement s'est reposé sur moi ; je l'ai déjà prévenu que je n'en serois point usage ; dans l'instant je viens de lui écrire que tout étoit changé. Je vois à votre air que ce contretems vous afflige.

DUBOIS.

On ne peut davantage, Madame ; j'aime ten-
drement Babet, je fuis fûr de fon cœur ; je ne
fuis pas né moi-même dans un état affez élevé
pour tenir beaucoup à la naiffance d'une femme :
mais je fens bien que mon Pere penfera diffé-
remment. Peu de momens ont bien changé ma
fituation. Si je n'époufe pas Babet, je fuis malheureux pour toute ma vie. Mais d'où tenez-vous
cette nouvelle ?

Madame GRIFFON.

Suffit qu'elle eft très-vraie. Mais vous m'é-
tonnez, Dubois ; eft-il poffible qu'un jeune
homme bien élevé foit fi foible ! Malheureux
pour toujours ! Quel difcours ! Apprenez que
pour être quelqu'un dans le monde il faut s'at-
tacher à fon intérêt feulement. Celui qui aime
beaucoup les autres perd une partie de l'attention qui lui eft néceffaire pour lui-même. Faire
fa fortune d'abord, fe livrer au plaifir enfuite :
voilà comme fe conduifent les gens fenfés.
Vous aimiez Babet, elle vous convenoit, elle
ne vous convient plus, il faut en aimer une
autre.

DUBOIS.

Oh ! jamais, jamais Madame. Si vous fçaviez
combien elle a d'efprit, de fentiment ; un cœur
excellent, pas la moindre vanité ; elle m'aime
de bonne-foi, comment renoncer au bonheur

que j'espérois avec elle ? Quand elle perdroit tout le reste, sa tendresse & ses bonnes qualités m'attacheroient pour toujours à elle. Non, je ne quitterai point Babet. Mais Madame, encore un coup, de qui tenez-vous ce que vous m'apprenez.

Madame GRIFFON.

D'une personne qui le sçait très-bien. Mais vos questions sont malhonnêtes ; elles marquent premierement que vous doutez de ce que je vous dis, & puisque vous me croyez capable de trahir la confiance de ceux qui m'ont instruite ; cela est plaisant. Mêlez-vous de faire du bien aux gens, voilà le gré qu'ils vous en sçavent. Je vous trouve bien singulier de m'interroger de la sorte. Suffit que je le sçai, que je l'ai écrit à votre Pere, que mon mari vous empêchera bien de vous marier. Et vous aurez la bonté de vous en rapporter à lui. Je vais lui dire avec quelle reconnoissance vous nous récompensez de nos soins.

SCENE II.

DUBOIS *seul.*

ELLE est folle, mais son humeur me touche peu. Babet, ma chere Babet, pourrois-je renoncer à toi ? Que ne suis-je mon maître, je lui prouverois dans l'instant que je n'aime rien autant qu'elle. Mais la voici.

SCENE III.

DUBOIS, BABET.

BABET.

IL faut donc que je vous cherche ? Vous ne revenez pas. Mais quel air rêveur ! Qu'avez-vous donc, mon cher Dubois ? Est-ce l'impertinence de ces femmes qui vous chagrine ? Ce sont mes cousines, il est vrai ; mais quand elles me seroient encore plus proches, je ne les verrai plus si vous le voulez. Demain, mon cher Dubois, tout le monde me sera bien indifférent, je n'y verrai plus que vous.

DUBOIS.

Demain, ma chere Babet, hélas !

BABET.

Vous foupirez, vous paroiſſez triſte, votre chagrin me déſeſpere, parlez donc, dites-moi ce que vous penſez ?

DUBOIS.

Ce que je penſe.

BABET.

Oui, ouvrez-moi votre cœur, le mien eſt tout troublé.

DUBOIS.

Ah! Babet, ſi vous ſçaviez ce qu'on vient de me dire.

BABET.

Quoi ?

DUBOIS.

Mon Pere ne voudra plus.....

BABET.

Comment! il ne voudra plus.....

DUBOIS.

Le vôtre auroit bien dû.....

BABET.

Après, expliquez-vous.

DUBOIS.

Mon amour pour vous eſt vif, il eſt tendre; il durera toujours, mais.....

BABET.

Ah ! je ne respire pas, quelle inquiétude vous me donnez ! dites donc ?

DUBOIS.

Que dire ! je suis au désespoir.

BABET.

Ah ! comme le cœur me bat, est-il arrivé quelque chose ? Ne me tenez pas en suspend, votre silence me tue.

DUBOIS.

Modérez-vous, ma chere amie. Je vais vous apprendre ce qu'on vient de me dire. Mais ne vous fâchez pas ?

BABET.

Que peut-on dire ? Je suis honnête fille;

DUBOIS.

Oui , sans doute.

BABET.

Je vous aime de tout mon cœur;

DUBOIS.

J'en suis certain, mais.....

BABET.

Finissez donc ?

DUBOIS.

Adrien..... Je n'ai pas la force de parler;

BABET.

Lui est-il survenu quelque affaire, est il ruiné, malade, mort; parlez donc ?

DUBOIS.

On dit, ma chere Babet, que vous n'êtes pas sa fille.

BABET.

Bon ! & qui est la bête qui le dit ? Voilà une bonne histoire. Tranquilisez-vous ; je suis la fille de mon Pere, j'en suis sûre. Quelque maudite langue veut nous brouiller. Oh ! si c'est là tout, mon cher Dubois, rien n'est plus aisé à éclaircir. Allons, point de tristesse, & dites-moi d'où vous sçavez cette sotte nouvelle.

DUBOIS.

Je vous le dirai, mais à une condition; c'est que vous n'en parlerez pas.

BABET.

Oh ! sûrement. C'est à mon Pere à confondre cette imposture. Mais dites-moi, Dubois ; si je n'étois pas la fille d'Adrien, est-ce que vous renonceriez à moi ?

DUBOIS.

Ma chere amie, renoncer à vous ! Non, jamais ; mais si vous étiez ce que l'on dit...... Je n'ai que vingt ans & mon Pere pourroit....

BABET.

A merveille, Monsieur Dubois. C'est une bonne excuse qu'un Pere. Mais, vois-tu bien, si je te croyois capable de me quitter pour quelque raison que ce fût, tiens, je t'arracherois ces deux vilains yeux là que j'aime mille fois mieux que les miens.

DUBOIS.

Te quitter, toi, Babet? Je renoncerois à tout plutôt qu'à ma chere petite amie. Ce maudit caquet va retarder notre bonheur. Madame Griffon s'est avisée d'écrire à mon Pere.

BABET

Ah! ah! c'est donc Madame Griffon qui s'ingere de débiter ces visions-là.

DUBOIS.

Ne lui dites rien, je vous le demande en grace.

BABET.

J'en serois bien fâchée. Je m'en vais seulement lui demander quel démon la possede d'inventer des choses pareilles.

DUBOIS.

Ah! je suis perdu. Vous l'irriterez contre moi elle aigrira mon Pere.

BABET.

Elle fera ce qu'elle voudra, j'en aurai le cœur net.

DUBOIS.

Quelle obstination! La voici, je me retire; quel personnage ferois-je entre vous deux! Babet si vous m'aimez, au moins ne me nommez pas.

BABET.

Oh! je n'ai garde.

SCENE

SCENE IV.

BABET, Madame GRIFFON.

BABET.

MONSIEUR Dubois qui me quitte, m'a dit, Madame, que vous lui avez fait de plaisans contes. Pour une Dame comme vous, cela n'est guères bien de vouloir mettre la division entre un Fiancé & une Accordée.

Madame GRIFFON.

Qu'est-ce que c'est donc que le ton de cette petite fille. Est-ce à moi que vous parlez, Babet ?

BABET.

Assurément. Quoique jeune j'ai du cœur, de l'honneur, & je ne prétends pas être insultée de personne. Comment ! dire que je ne suis pas la fille d'Adrien ; où avez-vous pris cette belle idée-là, Madame ?

Madame GRIFFON.

Ecoutez, Babet, vous êtes très-impertinente, & vous ne méritez pas que je vous réponde. Mais comme les personnes d'une certaine façon ne s'embarrassent guères de gens de votre espece, je ne me tiens point offensée par Babet. Ainsi, mon enfant je veux bien vous dire, que c'est Angélique qui m'a assuré qu'Adrien avoit eu une fille

C

unique, qu'elle étoit morte à Rouen, & qu'elle en avoite vû la preuve. Ainsi, ma petite amie, cherchez votre Pere, & ne venez pas faire la gentille avec nous.

BABET.

Angélique, ah ! l'impertinente ! Votre servante, Madame.

Madame GRIFFON.

Où courez-vous ?

BABET.

Chez Angélique, & je vais la traiter d'importance.

Madame GRIFFON.

Si vous voulez lui parler, elle est ici qui acheve de me garnir une robe, je vais l'appeller.

BABET.

Appellez-là, Madame, je vous en prie.

Madame GRIFFON.

Qu'on fasse descendre Angélique. Mais si vous êtes reconnoissante des bontés que j'ai pour vous, ne lui dites pas que c'est moi qui vous ai confié cela.

BABET.

Oh ! non, ne craignez rien.

SCENE V.

Madame GRIFFON, BABET, ANGÉLIQUE.

BABET.

VOUS voilà, Mamfelle, je fuis bien malheureufe moi qui vous ai toujours fait mille honnêtetés, d'apprendre que vous dites de moi des chofes effroyables.

ANGÉLIQUE.

Moi, je n'ai jamais mal parlé de vous ni de perfonne.

BABET.

Pourquoi donc allez-vous dire à Madame que la fille d'Adrien eft morte, & que ce n'eft pas moi?

ANGÉLIQUE.

Pardi, Madame, vous êtes bien difcrette & vous me faites-là de belles affaires avec vos rapports.

Madame GRIFFON.

Rapports? Ces créatures-là font d'une info-lence! Eft-ce un rapport que de dire à cette pauvre fille à qui elle doit s'adreffer pour fça-voir qui elle eft. Je fuis bonne, elle eft cha-grine, j'en ai compaffion; & une fotte comme vous appelle cela faire des rapports?

C ij

BABET.

Mais par quelle raison inventer des choſes comme celles-là ?

ANGÉLIQUE.

Je ne ſuis pas capable d'inventer, Mam-ſelle, & j'ai vû & tenu ce papier qui eſt ſi grif-fonné que je n'en ñ pas pû lire un mot. Et je ne ſuis pas la ſeule, Catherine l'a vû tout comme moi

Madame GRIFFON.

Cela paroît très-poſitif.

BABET.

Mais qui eſt-ce qui vous l'a montré ce papier, & que veut-il dire ?

ANGÉLIQUE.

C'eſt votre couſine Marotte qui le fait voir à tout le monde & qui dit que c'eſt votre enterre-ment ; je n'en impoſe pas & je ne ſuis pas un mauvais eſprit, Madame peut me rendre juſtice & Monſieur Dubois auſſi.

Madame GRIFFON.

A quoi penſez-vous, Babet ?

BABET.

A cette déteſtable Marotte, c'eſt ſûrement elle, qui pour ſe venger de tantôt, a forgé cette fauſſeté. Oh ! ſi je la tenois,

ANGÉLIQUE.

La voici qui vient avec Catherine. Ma chere Babet ne me mettez pas en jeu, d'abord Marotte l'a dit à bien d'autres.

SCENE VI.

Madame GRIFFON, BABET, ANGÉLIQUE, MAROTTE, CATHERINE.

BABET.

C'Est donc vous ma coufine, qui avez l'effron-
terie. . . .

MAROTTE.

A qui en a c'te mijaurée là ?

BABET.

Qu'avez-vous dit à Angélique !

CATHERINE.

Oh ! la langue ! on l'y avoit tant recommandé;

ANGELIQUE.

Moi, je n'ai rien dit, c'eft Madame.

Madame GRIFFON.

N'eft-ce pas vous qui m'avez conté . . .;

ANGELIQUE.

Catherine, là de bonne foi; n'eft-ce pas Marotte ? . . .

CATHERINE.

Chut ! . . . .

BABET.

Mais expliquez-moi donc cette noirceur, cette
méchanceté. Pourquoi dire que je fuis morte, &
que mon pere n'eft pas mon pere ?   C iij

MAROTTE.

V'là bien du train pour pas grand chose, c'est Mamselle Angélique qui est amoureuse de du Bois, & qui a été dire tout çà pour le r'avoir.

Madame GRIFFON.

Ah ! cela est horrible ! & me mettre dans ces Caquets là, moi, une femme comme moi !

ANGÉLIQUE.

Madame, je ne l'ai point inventé. Mais parlez donc, Catherine, vous y étiez.

BABET.

Comment ! Elle aime du Bois ?

MAROTTE.

Pardi, il lui donnoit des bouquets, du plaisir des Dames : demandez à Catherine.

CATHERINE.

Tiens, Marotte, t'es trop mauvaise. Il est bien vrai que la pauvre Fille en est feruë, & que M. du Bois, par-ci, par-là, à ce qu'elle nous a dit... Mais ne te fâche pas, Babet ; il ne s'agissoit pas de Mariage. Quand à l'égard du papier, çà est vrai çà, ma pauvre Fille, on t'a enterrée à Rouen, mais faut examiner çà ; tu ne serois pas la premiere qu'on auroit enterrée à faux. Du tems que ma grand-mere se maria ; faut que je te conte-çà.

BABET.

Eh ! laisse-nous en repos avec tes contes.

Madame GRIFFON, *en s'en allant.*

Je vous plains bien, ma chere Babet.

ANGÉLIQUE, *rentrant.*

Cela est bien vilain toujours, de mettre une

honnête Fille dans vos Caquets, & de la faire
paffer pour ce qu'elle n'eft pas. Vous me le paye-
rez, Marotte, & vous auffi Catherine.

CATHERINE, *s'en allant.*

Je te l'ai toujours dit, Marotte, tu as la langue trop longue, çà te donnera du tintoin. Que
ne fais-tu comme moi ; j'entends tout, je ne dis
mot, & tout le monde m'aime. Votre fervante,
Babet.

MAROTTE.

Tenez, Babet, vous me croirez fi vous voulez ; mais je veux que çà me ferve de poifon, fi
j'ai eu deffein de vous faire de la peine. Je ne fçais
pas comment ces mafques-là s'y font prifes pour
me faire parler ; car pour l'ordinaire, je fuis le
fecret même. Mais dame auffi, vous êtes haute,
gauffeufe, le monde s'en fâche, & puis quand
on eft en colere, on ne prend pas pas garde à ce
qu'on dit.

SCENE VII.

BABET, MAROTTE, DU BOIS, M. BELHOMME.

BABET.

AH ! Mon cher du Bois, je fuis perdue, dé-
folée. Que deviendrai-je ?

DU BOIS.

Nous cherchons Adrien par-tout fans pouvoir
le trouver.   C iv

M. BELHOMME.

Ces propos là sont bien singuliers, & je ne sçais qu'en penser ; mais Adrien sçait le fond de tout cela.

BABET.

Ce que l'on a dit n'est que trop vrai, je le vois bien, je ne suis pas sa fille.

M. BELHOMME.

Adrien, hier au soir me tenoit de certains discours à me faire entendre qu'il n'étoit pas votre pere ; j'ai pris cela d'abord pour quelque chose de tout simple ; mais diantre, cela devient sérieux.

MAROTTE.

Ce qu'il y a de pis à tout çà, c'est que les parens voudront revenir sur l'héritage, ça me mortifie pour elle.

BABET.

Mais si je ne suis pas fille d'Adrien, qui suis-je donc ?

M. BELHOMME.

Voilà ce qui m'embarasse. Puisqu'Adrien n'en a jamais parlé, il faut que cela ne soit pas bon à dire.

BABET.

Du Bois, vous ne voudrez plus de moi.

DU BOIS.

Ah ! Ma chere Babet, je n'en aurai jamais d'autre ; mais mon Pere est le Maître.

M. BELHOMME.

Vous me faites pitié, mes enfans ; j'ai toujours aimé cette petite Babet, je ne sçaurois me résoudre à la voir malheureuse. Écoutez, il y a bien des façons de s'arranger. Je suis garçon, je ne suis pas jeune. Par votre Contrat de Mariage, je la ferai mon héritière ; j'ai cinq bonnes mille livres de rente, & puis encore quelque chose. Si votre pere ne s'accommode pas de cela, il sera de bien mauvaise humeur.

BABET.

Ah ! Monsieur, quelle bonté !

MAROTTE.

Oh ! Mes enfans, v'là qui arrange tout. Peste, cinq mille livres de rente ! On fait bien d'autres Mariages pour moins d'argent.

DU BOIS.

Mon Pere, se rendra peut-être à cette proposition ; Monsieur, je vous devrai tout le honheur de ma vie, comment pourrai-je reconnoître ce que vous faites pour moi.

M. BELHOMME.

Bon, ce n'est qu'après ma mort ; cela ne me coûte pas un sols.

SCENE VIII.

Les Acteurs précédens, ADRIEN.

BABET.

AH ! Mon Pere, mon cher Pere ! Est-il bien vrai que je ne suis pas votre Fille.

ADRIEN.

Puisque cette babillarde de Marotte a tout

divulgué, à ce qu'on vient de me dire, il faut l'avouer ; non, Babet, je ne suis pas votre Pere.

BABET.

Eh ! De qui suis-je donc Fille ?

ADRIEN.

Patience, depuis plus de dix ans, j'ai crû votre Pere mort, faute d'en avoir reçu aucune nouvelle. Mais je viens d'apprendre qu'il est à Paris, & qu'il s'informe par-tout de ma demeure.

MAROTTE.

C'est un homme comme il faut, sans doute ?

ADRIEN.

C'est un homme qui vaut bien mieux que moi. Tu seras contente, ma chere Babet, & du Bois sera trop heureux de prendre en Mariage la Fille d'un des riches Négocians de l'Inde.

MAROTTE.

Un riche Négociant ! Je m'en vais le dire à tout le monde, çà fera du bruit dans le quartier.

(*Elle sort.*)

M. BELHOMME.

On retrouve par-tout ses parens quelquefois.

BABET.

Ah ! Monsieur, vous me rendez la vie.

ADRIEN.

Juge de ma satisfaction, par la tendresse que je t'ai toujours montrée en t'élevant comme ma Fille.   BABET.

Oui. Vous serez toujours mon Pere.

M. BELHOMME.

Rentrons, vous nous conterez tout cela auprès du feu.

Fin second Acte.

ACTE III.

Le Théâtre repréfente un des Ports de la Ville fur le bord de la Seine.

SCENE PREMIERE.
M. RENAUD, MENECHEM.

M. RENAUD.

IL eſt bien difficile de trouver les gens dans Paris. Quoi ! depuis ce matin que je m'informe de tous côtez, je ne puis parvenir à ſçavoir la demeure d'Adrien ?

MENECHEM.

Monſieur, dans un ville bien grand, les perſonnes qui demeurent ne connoiſſent point leur proximité.

M. RENAUD.

Quand nous partimes enſemble de Rouen,

vous me dites que vous connoissiez tout Paris ;
& que vous y aviez déjà été.

MENECHEM.

Moi connoit toutes les rues, mais non pas tout
le bourgeois. Il est ici le port d'où part les batteaux qui vont dans le Normand.

M. RENAUD.

Vois Nicolas, demande dans le voisinage ;
Adrien ne sçauroit être logé loin d'ici.

MENECHEM.

Vous avez bien de la curiosité pour voir cet
homme là.

M. RENAUD.

Hélas, il y a douze ans que je lui ai confié
ce que j'avois de plus cher au monde.

MENECHEM.

De l'argent ?

M. RENAUD.

Je ne serois pas si empressé s'il ne s'agissoit que
de cela. C'est une fille unique dont je le fis dépo-
sitaire, quand je partis pour l'Inde avec ma
femme.

MENECHEM.

Vous avez emporté votre femme, & laissé votre
fille ? Je n'aurois point fait cette chose là.

M. RENAUD.

J'avois mes raisons. Ma femme avoit pour moi
toute la tendresse que je pouvois desirer. Mais
par un malheur singulier elle avoit pris sa propre
fille en aversion. Tout mon bien étoit dans l'Inde
& je ne pouvois en avoir aucune raison sans m'y

transporter moi-même. Ma femme ne voulut jamais me laisser partir sans elle.

MENECHEM.

Elle étoit bien courageux.

M. RENAUD.

Ma fille étoit fort petite, & je n'osois l'exposer au mouvement de la mer. Cet Adrien que je cherche, demeuroit pour lors à Rouen. Il voulut bien prendre soin de ma fille que je lui laissai avec une somme assez honnête pour qu'elle ne lui fut point à charge.

MENECHEM.

Et depuis tout le tems vous n'avez pas reçu son nouvelle.

M. RENAUD.

Si vous sçaviez tout ce qui m'est arrivé ? Les différens voyages que j'ai été obligé de faire, les tempêtes, les naufrages, les malheurs, la perte de ma femme, les chagrins de toute espece ? Je ne puis me les rappeler sans être étonné de n'y avoir pas succombé moi-même. Enfin, j'ai grace au ciel, rassemblé toute ma petite fortune, & il ne manque plus rien à mon contentement, que de retrouver ma fille.

MENECHEM.

J'ai fait aussi des voyages beaucoup. L'an passé j'ai été dans le Russe. Ah ! Monsieur, cette Mer Baltique est un diabolique chose. J'ai retourné en Angleterre, & puis pour venir ici, j'ai passé par le Normandie.

M. RENAUD.

Et du moins vos voyages ont-ils été avantageux ?

MENECHEM.

Oui, Monſieur, je rapporte un petit pacotil fort joli, & je commence demain pour vendre dans Paris.

M. RENAUD.

Voici une femme qui ſort à ce qu'il paroit de chez elle ; parlons lui : elle m'apprendra peut-être où loge celui que je cherche.

SCENE II.

MAROTTE, M. RENAUD, MENECHEM.

MAROTTE.

UN riche Négociant! diantre ç'te petite Babet va ſe donner bien des airs, & du Bois le v'la gros Seigneur ; par ſa femme comme tant d'autres. Il y a des gens bien heureux dans le monde!

M. RENAUD.

Madame, permettez que je vous diſe un mot. N'auriez-vous pas. . . .

MAROTTE.

Oh ! j'ai tout ce qu'on peut ſouhaiter, Monſieur, vous venez de loin. Vos habits ne ſont pas à la mode de Paris. J'en ſçais un qui eſt tout juſte de votre taille. C'eſt un eſcroc qui s'en eſt allé ſans le retirer, on voudroit s'en défaire, & vous l'aurez à bon compte.

M. RENAUD.

Volontiers, Madame, nous verrons cela. Mais connoitriez-vous par hazard un certain Adrien?

MAROTTE.

Celui qui meine les batteaux à Rouen?

M. RENAUD.

Lui-même.

MAROTTE.

Si je le connois? Eh! je suis sa cousine germaine.

M. RENAUD.

Est-il actuellement à Paris?

MAROTTE.

Oui, Monsieur; à telles enseignes qu'il revint le mois passé avec trois barques aux huitres : si vous en voulez, elles sont toutes fraiches.

M. RENAUD.

Ce n'est pas là ce que je cherche à présent. Et sa maison est-elle loin?

MAROTTE.

Ici tout contre; mais il est en frairie aujourd'hui. Le v'la qui marie sa fille.

M. RENAUD.

Sa fille?

MAROTTE.

Il le disoit comme ça. Mais c'est la fille à quelque autre.

M. RENAUD.

Et comment le sçavez-vous?

MAROTTE.

Bon! il a bien fallu qu'il en convint. Nous étions informés de ça nous autres parens, & ça ne nous faisoit pas plaisir. Çte petite fille qui s'appelle Babet, faisoit la merveilleuse, elle se donnoit de certains petits airs. Damme on n'aime point ces gentillesses là dans une famille.

M. RENAUD.

Quoi donc ? La famille en étoit mécontente ?

MAROTTE.

Tenez ; ç't'enfant, moi je lui passe. Elle est jeune, elle est jolie, fort bien élevée : oh ! dame ça danse comme un Opera. Ça jabotte avec de petites façons ; les hommes trouvent ça charmant, c'est ce qui leur faut. Une petite fille prend de la vanité, ça se gonfle, faut voir ! & puis le quartier fait des raisonnemens.

M. RENAUD.

Elle fait donc mal parler d'elle ? Qu'entends-je ?

MAROTTE.

Il y a tout plein de gens qui ne demandent pas mieux que de médire. Pour moi je ne crois pas ça da, car je n'aime pas à mal penser ; mais c'est que ce M. Belhomme le Bossu, qui est le Compere d'Adrien ; ça lui est resté de sa defunte ; car elle avoit toujours comme ça quelque Compere dans sa manche. Il est toujours là ; il n'en bouge. Encore si ce n'étoit que de temps en temps, on n'y prendroit pas garde.

M. RENAUD.

Ah ! ciel ! les discours de cette femme me percent le cœur, je n'ose dire que je suis son pere. Adrien auroit-il pû souffrir....

MAROTTE.

Enfin v'la qui est fini. Elle se marie à M. du Bois. C'est encore ce M. Belhomme qui a patricoté ce mariage là. Damme il lui donne tout son héritage, ce n'est pas peu de chose. Hé bien, ça fera encore jaser, tenez.   M. RENAUD.

M. RENAUD.

Je suis accablé de douleur. Pouvois-je penser qu'en retrouvant ma fille, je serois plus à plaindre que si je l'avois perdue !

MENECHEM.

Monsieur, il faut consoler. Il arrive cela beaucoup de fois.

MAROTTE.

Qu'est-ce que vous marmotez-là entre vos dents ? Il semble que vous preniez intérêt à la petite Babet. Connoitriez-vous son Pere ?

M. RENAUD.

Oui, je le connois.

MAROTTE.

Adrien dit que c'est un Marchand d'Inde, ne seroit-ce pas vous, Monsieur ?

M. RENAUD.

Non, non ; ce n'est pas moi ; une semblable fille ne mérite pas que je l'avoue.

MAROTTE.

Et dites-moi donc, qui est son Pere.

M. RENAUD.

C'est... c'est cet homme là.

MAROTTE.

Qui ?

M. RENAUD.

Celui que vous voyez.

MAROTTE.

Ce Barbichet ? Ah, ah, ah ; c'est donc là ce riche marchand ? Pardi en vla d'une bonne ? Et c'est l'homme aux lunettes.

MENECHEM.

Vous connoissez moi ?

MAROTTE.

Vraiment. En apportez-vous de bien bonnes, de bien claires ?

D

MENECHEM.

Excellent. Vous avez de beaux yeux. Mais quand vous fera vieille ; je demande la pratique.

MAROTTE.

Quand je ferai vieille, tu feras en terre, mon ami ; mais voyez donc ce vieux pleutre.

M. RENAUD *en s'en allant.*

Adrien me rendra compte de la mauvaise éducation de ma fille. Venez, venez avec moi.

MENECHEM, *à Marotte.*

Si vous voulez, moi porte chez-vous tout mon marchandife. MAROTTE.

Va-t'en, va-t'en, vilain ; je ne vends point de contrebande.

SCENE III.
MAROTTE, CATHERINE, ANGÉLIQUE.

MAROTTE, *un moment feule.*

OH ! pour celui là je ne m'y attendois pas. C'eft-là ce Négociant fi riche ? Mais je ne conçois pas Adrien, la tête lui a tourné ; & çte pimpe fouée de Babet, quand elle fçaura ça, quelle chutte ! comme elle va être camufe ! mais dans le fond, c'eft trop drole. Je ne fçaurois m'empêcher d'en rire. Ah ! ah ! ah !

CATHERINE.

Parle-donc Marotte, te v'la bien gaie.

MAROTTE.

Ah la plaifante aventure ! venez, je m'en vais vous dire ça. Ah, ah.

ANGÉLIQUE.

Dites donc, dites Marotte, quelque chofe de nouveau ?

MAROTTE.

Ah ! c'est tout neuf, je vous le jure. Le pere de Babet, ah, ah....

CATHERINE.

Hé bien son pere....

MAROTTE.

Il est arrivé. Ah, ah, ah.

ANGÉLIQUE.

Dans un bel équipage.

MAROTTE.

Un bel équipage ? Sur quelque charette de Possi, peut-être bien à pied, s'il a bonne jambe.

CATHERINE.

Bon, à pied ! cet homme si riche.

MAROTTE.

C'est un joli Seigneur. Je viens de le voir.

ANGÉLIQUE.

Vous le connoissez ?

MAROTTE.

Et vous aussi ; pardi tout Paris le connoit.

CATHERINE.

Qui est-ce donc ?

MAROTTE.

C'est.... Oh ! devinez ; je vous le donne en mille. ANGÉLIQUE.

Ne nous faites donc pas languir.

MAROTTE.

C'est çt'homme qui vendoit il y a un an des lunettes dans les caffés, avec sa petite boëte & sa barbiche. CATHERINE.

Comment, ce Juif.

MAROTTE.

Oui, lui-même. Mais ça n'est-il pas comique après tout l'étalage d'Adrien & de Babet. Ah, j'en étoufferai. Ça n'est pourtant pas bien de

D ij

rire comme ça du mal d'autrui. Mais aussi pour-quoi est-ce qu'il arrive des malheurs qui sont risibles ? Et surtout quand je songe à l'aventure de ce matin ; c'est que le sourire me prend.

ANGÉLIQUE.

Et ce pauvre du Bois le sçait-il ?

MAROTTE.

Il faudra bien qu'il le sache tôt ou tard.

ANGÉLIQUE.

Mais il faudroit l'avertir avant qu'il fît la folie d'épouser Babet.

CATHERINE.

Tiens, Marotte, je ne sçaurois croire ça. Tu fais toujours des contes pour rire ; mais celui-là est trop fort. MAROTTE.

Je ne fais pas de contes. Ce que je vous disois tantôt, vous avez vû que c'étoit vrai. Hé bien, ce que je vous dis là, c'est tout de même. Je l'ai vû, je lui ai parlé, c'est le pere à Babet, il en est convenu ; c'est son camarade qui me l'a dit.

SCENE IV.

MAROTTE, CATHERINE, ANGÉLIQUE, DU BOIS, M. BELHOMME.

M. BELHOMME.

AH ! Mesdames, vous voilà toutes trois en grande conversation. Y a-t-il encore quel-que histoire ? Là, voyons.

MAROTTE.

Oh ! ça ne sera pas difficile à voir. Vous qui êtes témoin, faudra bien que vous voyez tout.

DU BOIS.

Et quoi ? Que vera-t-il ? Ce font des langues de vipere. **MAROTTE.**

Il verra ce que j'ai vû. Ce beau Seigneur, ce petit poulet qui vient des Indes, ce pere fi riche ; je lui ai déjà parlé, moi.

M. BELHOMME.

Où donc ? Quand ?

MAROTTE.

Ici, tout à l'heure. Il apporte de la marchandife. Il me l'a offerte.

M. BELHOMME.

Un négociant qui revient de fes voyages, peut avoir de la marchandife.

MAROTTE.

Sans doute. Il en porte les échantillons fous fon bras. Ce qu'il y a de bon, c'eft que le loyer de fa bontique ne lui coûtera pas cher.

M. BELHOMME.

Ces folles-là m'impatientent avec leurs fots propos. **DU BOIS.**

Entrons chez Adrien, & laiffons-les bavarder.

ANGELIQUE.

Ecoutez-moi, mon cher du Bois. Je n'ai pas le cœur d'en rire comme elles, & je prends trop de part à votre accident pour vous laiffer dans le doute. Le pere de Babet eft venu, on l'a vû, on lui a parlé, cela eft vrai.

MAROTTE.

Il cherche par-tout Adrien ; il demande des nouvelles de Babet.

M. BELHOMME.

Et fans doute, cela eft tout fimple.

ANGELIQUE.

Mais vous n'imagineriez pas qui eft ce Pere.

Hélas ! je n'ofe prefque vous le dire, c'eft ce Juif qui vend des lunettes.

DU BOIS.

Quels contes me faites-vous-là ?

CATHERINE.

Oui, avec des petits cifeaux, des tire-bou-chons, des boucles d'Angleterre.

DU BOIS.

Mais, je ne conçois rien à cela.

ANGELIQUE.

Rien n'eft plus vrai. Je ne comprends pas Adrien d'avoir voulu vous jouer un pareil tour. Je vous en avertis, prenez-y garde. Tout le monde le fçaura, jugez les Caquets que cela va faire. Tenez, j'en pleure déjà. Adieu, je ne pourrois pas voir votre chagrin fans me défef-pérer. Ah ! mon cher du Bois, la bonne foi eft bien rare ; & quand on l'a trouvée on ne veut pas s'y tenir. (*Elle fort.*)

CATHERINE.

Votre beau-pere vous intéreffera dans fon com-merce. Ça vaut plus d'argent qu'on ne croit.

(*Elle fort.*)

MAROTTE.

Et quand la vûe vous baiffera pour les écritu-res, vous aurez des lunettes de la premiere main.

SCENE V.
DU BOIS, M. BELHOMME.

DU BOIS.

Monsieur, qu'eft-ce donc que tout ceci ?

M. BELHOMME.

Mais, c'eft quelque chofe de fort clair, à ce qui paroît.

DU BOIS.

Quoi, Babet seroit la fille de cet homme-là.

M. BELHOMME.

La façon dont Angélique vous a parlé est très-affirmative ; & elle pleuroit tout de bon. Elle ne faisoit pas semblant.

DU BOIS.

Une aussi aimable Fille ?

M. BELHOMME.

J'en ai vû à Metz d'aussi jolies.

DU BOIS.

Non, je ne sçaurois me le persuader. Eh ! comment, Adrien auroit-il voulu me trahir de la sorte ?

M. BELHOMME.

J'ai toujours crû Adrien un fort honnête homme ; mais je suis obligé d'en rabattre ; car, enfin il disoit d'abord que c'étoit sa fille.

DU BOIS.

Il vouloit la marier comme telle.

M. BELHOMME.

Cela n'étoit pas trop bien. Et puis quand la méche a été découverte, il a dit que son Pere étoit un riche Négociant, qu'il étoit arrivé à Paris, qu'il le feroit bien voir, & tout cela sans aucune explication bien claire. Hom, cela n'a pas bon air.

DU BOIS.

Comment donc faire.

M. BELHOMME.

Ne plus songer à Babet ; en prendre une autre qui vaille mieux ; cela console. Moi qui ai fait les premieres propositions à Madame Griffon, pour cette affaire là, j'étois dans la bonne foi ; mais à présent vous voyez bien vous-même qu'il n'en peut plus être question, & je ne prétends pas être la cause que vous fassiez un sot mariage.

D iv

SCENE VI.

BABET, M. BELHOMME, DU BOIS.

BABET.

AH ! Messieurs, vous voilà donc. Quelles nouvelles avez vous à m'apprendre ? Est-il bien vrai que mon pere est arrivé ? Pourquoi n'est-il pas encore ici ? Je meurs d'impatience de le voir.

M. BELHOMME.

Oui, oui, ma pauvre Babet, vous le verrez.

BABET.

Monsieur Adrien dit qu'il est fort riche.

M. BELHOMME,

Cela ne se voit pas tout d'un coup. Mais cela pourroit bien être. Il y a des gens qui ne paroissent pas.

BABET.

Et quand le verrai-je donc ?

DU BOIS.

Ah ! vous ne le verrez que trop tôt.

BABET.

Comme vous me dites cela d'un air triste ! y auroit-il encore quelque empêchement à notre mariage ? Est-ce qu'il ne voudroit pas ? ...

M. BELHOMME.

Mais cela se pourroit bien. Ces gens-là ne s'allient pas avec tout le monde.

BABET.

Ah ! quelque riche qu'il soit, aura-t-il le cœur assez dur pour me rendre malheureuse. Monsieur, faites-lui entendre raison. Si je perdois mon cher du Bois, je ne m'en consolerois pas, quelque

chose qve l'on pût faire. Le chagrin me mineroit
peu à peu ; & mon pere auroit la douleur de voir
bientôt mourir sa fille.

DU BOIS.

Ah ! Ciel ! que va-t-elle devenir, quand elle
sçaura … Babet. Je ne vous ai point trompée,
je vous aime plusque jamais. Mais je suis forcé
de vous le dire ; nous n'avons plus d'espérance.

BABET.

Plus d'espérance ? Est-il possible ?

DU BOIS.

Votre Pere … est arrivé … c'est un Marchand,
cela est vrai …. mais ce Marchand …

BABET.

A-t-il fait banqueroute ?

DU BOIS.

Non, mais il est …

BABET.

Quoi ?

DU BOIS.

On assure qu'il est … un peu …

M. BELHOMME.

Un peu ? Oh ! très-Juif. On ne peut pas plus Juif.

BABET.

Je ne vous comprends pas.

M. BELHOMME.

Ma pauvre Enfant, on ne sçauroit vous le
cacher. Votre Pere le Négociant est de cette
Nation là. Voilà pourquoi Adrien ne faisoit que
barguiner là-dessus sans rien éclaircir.

BABET.

Ah ! Que dites-vous, Monsieur ? du Bois … je
suis perdue …. j'étouffe.

(*Elle se jette dans les bras de du Bois.*)

DU BOIS.

Babet, ma chere Amie, reprenez vos sens. Je suis à plaindre autant que vous. Mon cœur ne perdra jamais les sentimens que vous lui avez inspirés. Une autre n'aura jamais mon amour, & dans mon malheur, ne penser qu'à vous, sentir sans cesse que je vous adore sera la seule consolation à laquelle mon cœur pourra se livrer.

BABET.

Du Bois, vous ne doutez pas de ma tendresse. Je vous la conserverai toute ma vie. Je vois bien que je ne puis plus espérer d'être votre Femme ; mais vous serez toujours l'Epoux de mon cœur. Jamais aucun homme n'aura de droits sur mes sentimens ; & j'irai m'enfermer quelque part, où je ne pourrai plus voir personne.

M. BELHOMME.

On ne vous y recevra peut-être pas.

DU BOIS.

J'apperçois Adrien.

M. BELHOMME.

Tout juste. Votre Pere est avec lui, tenez le voilà.   BABET, *en s'enfuyant.*

Ah ! Je ne puis le regarder sans frémir.

SCENE VII.
Mr. RENAUD, ADRIEN,
MENECHEM, DUBOIS,
Mr. BELHOMME.
ADRIEN.

Babet, Babet ; où allez-vous donc ? Elle ne m'écoute pas, elle sort en courant, il semble qu'on lui ait fait peur.

Mr. BELHOMME.

Mais il y a des visages auxquels on ne se fait pas tout d'un coup.

Mr. RENAUD.

Craindroit-elle de me voir ? Seroit-elle informée des faux rapports qu'on m'avoit fait d'elle.

DUBOIS.

Hélas ! Monsieur, elle est informée de la vérité. De la maniere dont elle a été élevée, après avoir vécu dans une parfaite confiance ; ces événemens là sont trop frappans pour qu'on les supporte avec tranquillité. (*S'adressant au Juif.*) Ne prenez point cela en mauvaise part, Monsieur, mon dessein n'est pas de vous offenser.

MENECHEM.

Offenser pour moi Monsieur, je n'ai rien parlé.

ADRIEN.

Non vraiment. C'est, à ce que je crois, Marotte qui a tenu tous ces discours-là. Mais je lui apprendrai bien à se taire.

Mr. BELHOMME.

Mais dès que cela est vrai, Marotte n'a pas eu tort de nous le dire: & nous ne sommes pas blamables d'en avoir prévenu la petite fille. Il falloit bien, tôt ou tard, qu'elle apprît qui étoit son Pere ; & cela n'est pas fort régalant.

Mr. RENAUD.

Je n'ai pas l'honneur d'être connu de vous, Monsieur. Mais je ne vois pas quel malheur ce seroit pour elle d'être déclarée ma fille.

Mr. BELHOMME.

Est-ce que vous êtes de ces gens-là aussi vous ?

Mr. RENAUD.

Que voulez-vous dire ?

LES CAQUETS,

Mr. BELHOMME.

Marotte nous a affuré qu'elle avoit vû ce Pere qu'on cherche par-tout, qu'elle lui avoit parlé, & que c'étoit là lui.

Mr. RENAUD.

Je ne puis la condamner. Si elle l'a dit j'y ai donné lieu. Mais défabufez-vous, Monfieur ; celle qu'Adrien a élevée jufqu'ici comme fa fille, eft en effet la mienne & elle n'aura point à rougir de retrouver en moi fon Pere.

ADRIEN.

Monfieur Renaud que voilà eft le négociant, dont je vous parlois.

DUBOIS.

Vous, Monfieur? Ah! que je fuis content. *Il fort.*

ADRIEN.

Où va-t-il donc?

Mr. BELHOMME.

Il va confoler Babet. Cela eft bien naturel.

SCENE VIII.

MAROTE, CATHERINE, ANGÉLIQUE, Mr. RENAUD, Mr. BELHOMME, ADRIEN.

MAROTTE.

V'LA tout le monde raffemblé, ç'a me fait plaifir. Hé bien, avez-vous vû votre fille. N'êtes-vous pas bien aife d'avoir une jolie enfant comme ç'a? **ADRIEN.**

Taifez-vous, mauvaife langue. Mais voyez comme elle prend plaifir à la méchanceté.

CATHERINE.

Mais où est donc la méchanceté ? Parce qu'elle félicite ce Monsieur, c'est sa fille au bout du compte.   ANGÉLIQUE.

Finiſſez donc, Meſdames, cela n'eſt pas bien. Pour moi je ſuis, touchée du malheur de la pauvre Babet, & je la plains comme ſi c'étoit ma ſœur.

SCENE IX, & derniere.

Les Acteurs précédens, DUBOIS; BABET.

DUBOIS.

VENEZ, venez, ma chere amie, ne craignez rien. Embraſſez votre Pere.

BABET *tremblante.*

Lequel eſt-ce ?

DUBOIS.

Le voici.

Mr. RENAUD.

Oui, ma chere fille. J'ai enfin le plaiſir de te ſerrer dans mes bras. Qu'elle eſt aimable, & que j'ai de graces à vous rendre de me l'avoir conſervée.

ADRIEN.

Oui, voilà ton véritable Pere. C'eſt à lui que tu dois ta tendreſſe. Mais ſonge à celle que j'ai toujours eu pour toi, & conſerves-moi ton amitié.

BABET.

La joie m'ôte la force de parler. Que je me croyois malheureuſe ! C'eſt donc vous, Meſdames, qui diſiez que j'étois la fille d'un je ne ſçai qui.

Mr. RENAUD.

Les discours qu'elle m'avoit tenus sur votre conduite me faisoient rougir d'avouer que j'étois votre Pere; & c'est moi qui dans mon trouble, lui ai dit, que vous apparteniez à mon compagnon de voyage.

MAROTTE.

Mais voyez donc? Monsieur en arrivant commence par nous faire des caquets; eh bien est-ce notre faute?

Mr. BELHOMME.

Et vous ne les laissez pas tomber, vous les saisissez à la volée.

BABET.

Allez, je ne vous pardonnerai jamais les chagrins que vous m'avez donnés.

CATHERINE.

Ne vous fâchez pas comme ça, Babet. Allons ma petite cousine, embrassons-nous, & qu'il ne soit plus question de rien.

BABET.

Je ne suis point votre cousine, Mesdames, & je ne veux voir de ma vie des femmes de votre caractere.

Mr. BELHOMME.

Vous n'en verrez donc guères.

MAROTTE.

Entends-tu quel ton ça prend déjà? Quand Mamselle ne sera plus notre cousine; ne serons-nous pas bien délaissées! Comme si nous n'en avions pas d'autres.

CATHERINE.

Pardi plus de quatre, & qui la valent bien.

MAROTTE.

Quand il n'y auroit que Fanchonette, ça vaut mieux dans son petit doigt, qu'elle dans tout son corps. Viens-t'en, viens-t'en Catherine, ces Demoisillons-là ça ne nous va pas.

DUBOIS.

Graces au Ciel, nous en voilà débarrassés.

MAROTTE *revenant.*

Sans rancune, mon beau Monsieur, je vous ai parlé de st'habit, ça viendra à merveille pour la noce.

MANECHEM.

Elle est fort bonne marchande.

ANGELIQUE.

Ne me confondez pas avec elles, Mamselle Babet. Quoique ça tourne contre moi, je vous assure que je suis charmée de votre bonheur.

Mr. BELHOMME.

Cette petite Angélique me fait pitié.

Mr. RENAUD.

Vous avez le cœur bon, Monsieur, je sçai les offres généreuses que vous aviez faites à ma fille, & quoiqu'elles soient à présent superflues, puisque ma fille est assez riche pour faire un établissement convenable, comptez que j'en conserverai une reconnoissance éternelle.

Mr. BELHOMME.

Voilà mon bien qui me rentre, je suis d'avis de l'employer. Tenez, Mamselle Angélique, si vous voulez m'épouser tout sera pour vous.

ANGELIQUE.

Monsieur, vous êtes riche, bon, d'une humeur agréable, mais vous n'êtes pas Monsieur Dubois.

Mr. BELHOMME.

Je le deviendrai peut-être, marions-nous toujours.

ADRIEN.

Ne fongeons plus qu'à la joie, nous voilà tout contens,

DUBOIS à M. *Renaud.*

Je ne le fuis pas encore, Monfieur, & mon bon heur dépend de vous.

Mr. RENAUD.

J'y confens de tout mon cœur. Babet vous aime, & je détruirois ma propre félicité, fi le moment où je retrouve ma fille pouvoit être pour elle un fujet de chagrin.

Fin de la Pièce.

APPROBATION.

J'Ai lû, par ordre de Monfeigneur le Chancelier, *les Caquets,* & je crois qu'on peut en permettre l'impreffion, ce 7 Février 1761, **CREBILLON.**